Jean BIDERMANN de Lorraine

AUX

OUVRIERS

DE FRANCE

PARIS 1892

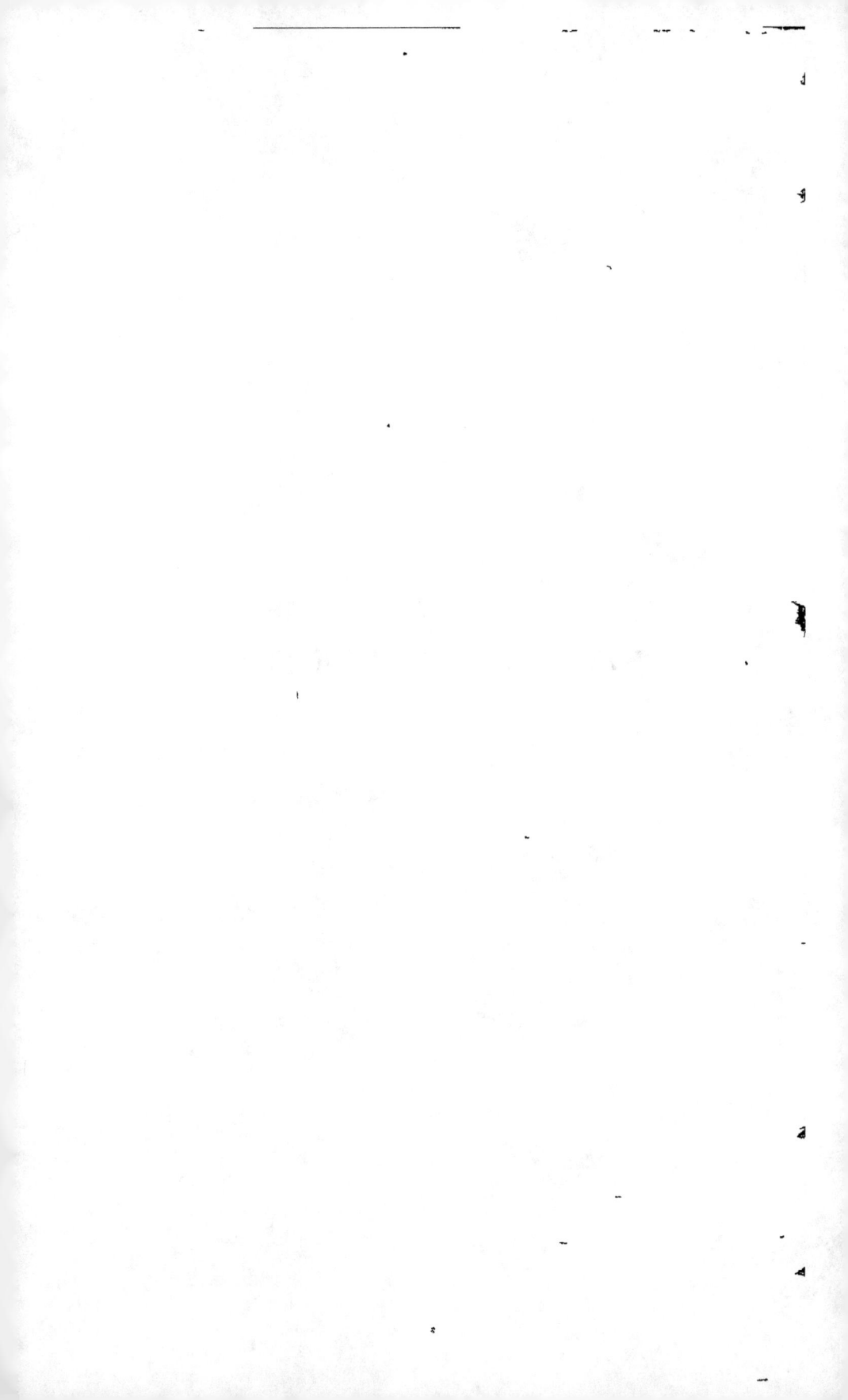

AUX OUVRIERS DE FRANCE

Jean BIDERMANN DE LORRAINE

AUX

OUVRIERS

DE FRANCE

PARIS 1892

I.

Après vingt-cinq années de labeur
et d'économie, arrivé à quarante-
cinq ans d'âge, j'avais réussi à écono-
miser vingt mille francs. J'ai acheté
un terrain et j'ai fait bâtir une maison
pour mes vieux jours, et il s'est
trouvé qu'au moment d'entrer en
possession, et après avoir *tout payé*,
j'ai dû donner cinq mille francs à
un juif que je n'avais jamais vu, ni
connu.

Les hommes de loi que j'ai con-
sultés m'ont dit : Nous savons bien

que vous ne devez rien, mais la loi est formelle, *vous êtes un naïf*, il faut payer !.....

Avec les mœurs du siècle, il suffit donc d'être un *naïf*, c'est-à-dire un honnête homme, loyal et sans roublardise, pour être dépouillé légalement.

Comment ces mœurs ont-elles pris racine dans un pays dont la probité est universellement reconnue ?

Parce que le Juif est venu et qu'il veut gagner de l'argent *quand même !*

Pourquoi le Juif veut-il ramasser tout l'or qu'il rencontre ?

Pour se faire une patrie... au détriment de la France ouvrière et avec

l'aide de quelques Français bébêtes...
ou chéquarts...

Ouvrons l'œil !

II

Meyer Amschel Rothschild naît à Francfort (Allemagne), en 1743, d'une famille juive et *très pauvre.*

Naturellement, il fait la banque, car, ainsi que tout le monde a pu le remarquer, les Israélites ne peuvent ni fabriquer, ni cultiver ; ils ne peuvent qu'être intermédiaires entre le producteur et le consommateur.

Ils ne produisent rien.

Ils ne dépensent relativement rien, une somme de cent mille francs n'est rien pour celui qui gagne un million par jour.

Ils amassent !

III

Pour faire la banque, il entre chez Oppenheim qui reconnaît bien vite que le gaillard possède des talents extraordinaires pour *la bedide gommerce*, et en fait son associé.

Né très pauvre, il se trouve associé d'une banque en 1769, c'est-à-dire à vingt-six ans! Mon Rotschild lâche son bienfaiteur dès qu'il connaît tous les trucs, épouse Mademoiselle Gudule Schnapper, qui lui donne dix-neuf enfants, qu'elle nourrit elle-même, « par économie, quoique devenue très riche » dit un écrivain juif....

Ainsi donc, le premier Rotschild né très pauvre est devenu très riche à l'âge de trente ans !

Que les ouvriers français auxquels cela est arrivé lèvent la main !

Les juifs prétendent qu'il doit sa fortune à son extraordinaire intelligence....

Moi, je dis et je soutiens que le Français est aussi intelligent, et s'il ne fait pas sa fortune aussi rapidement, c'est parce qu'il joint à son intelligence une dose d'honnêteté et de bonne foi que le Rotschild trouvait, lui, intelligent de méconnaître....

C'est pour cela qu'ils sont presque

toujours deux : Le premier fait sem-
blant d'être intelligent comme le
chrétien, c'est-à-dire qu'il promet
sincèrement de ne pas profiter de
la naïveté du producteur ou du consommateur, et, en effet, ce n'est pas
lui qui poursuit, c'est l'autre... celui
qui est de *mèche*

IV.

Nous voici à l'époque des commotions de la Révolution Française ; Rotschild a déjà une certaine renommée comme faiseur d'affaires....

Il en fait avec Guillaume Ier.

Les armées françaises envahissent l'Allemagne en 1806, Guillaume Ier se sauve, et confie à Rothschild la garde de sa fortune *afin que les Français ne la lui prennent pas....*

Vous conviendrez qu'Oppenheim ne s'était pas trompé sur son compte et qu'il possédait en effet des *talents extraordinaires*.

Certainement, Guillaume devenu riche grâce à Rothschild ne pouvait croire que c'était ce dernier qui poussait Napoléon contre lui..., de même qu'aujourd'hui, après une débâcle des armées Françaises, après un siège de Paris, nous ne pourrions pas croire que c'est Rotschild qui a poussé la triple alliance contre nous ?...

Nous lui confierions notre Banque de France....

Que dites-vous ? Rotschild pousserait la triplice contre la France ? ... Mais de quel Rotschild parlez-vous ?.... Vous savez bien qu'il y en a toujours deux pour rouler un chrétien *naïf*... mais pour les grandes affaires il y en a plusieurs ; il y a :

Un Rotschild à la tête de la Banque de France ;

Un Rotschild à la tête de la Banque d'Angleterre ;

Un Rotschild à la tête de la Banque d'Italie ;

Un Rotschild à la tête de la Banque d'Autriche ; .

Un Rotschild à la tête de la Banque d'Allemagne ;

Etc., etc., etc., de façon que ce ne sera jamais l'un qui sera traître à sa patrie.... ce sera l'autre....

Revenons à notre Guillaume.

N'ayant plus de *galette*, on n'entend plus parler de lui, et c'est Charles

de Dalberg qui devient le maître de
Francfort, en même temps que l'ami
de Rotschild... l'amitié des grands
est une bien belle chose... et pour
la première fois, un juif nommé Bar-
ruch obtient un emploi dans l'admi-
nistration de ce prince !

Aujourd'hui, il y en a dans toutes
les administrations, et après Panama,
je ne doute pas que ce soit là le motif
du triomphe de l'argent sur la probité.

V

Nous avons laissé Rotschild en train de faire fructifier la *galette* de Guillaume....

Supposez maintenant que cette *galette* soit perdue, comment l'aûrait-on rendue? Mais Rotschild ne comprend pas cela.... Un Français chrétien auquel on confierait de l'argent n'y toucherait pas pour tout l'or du monde.... mais le juif n'a pas la même religion : il le fait *fructifier*, il l'engage, et s'il le perd, ce ne sera pàs de sa faute, mais de celle de l'autre....

Et, savez-vous comment il faisait *fructifier* l'argent que Guillaume, battu par les Français, lui avait confié ?...

En fournissant les Armées Françaises !...

. . . .

Qu'on n'aille pas croire que je plaisante..., ceci est de l'histoire écrite par les juifs eux-mêmes.

Et enfin, le premier Rotschild meurt en 1812, en laissant cinq fils cinq filles, et beaucoup plus de millions.

L'aîné des fils, Anselme, reste en Allemagne.

Le second, Salomon, va en Autriche.

Le troisième, Nathan, s'établit en Angleterre.

Le quatrième, Charles, va s'installer en France.

Le cinquième, James, va enrichir l'Italie.

Comprend-on maintenant pourquoi, en 1890, l'Allemagne, l'Autriche, l'Italie, et presque l'Angleterre, sont alliées contre la France ?... Comprend-on enfin pourquoi l'alliance Franco-Russe ne se fait pas ?...

Pourquoi l'emprunt russe a échoué ?

Si lors de la prochaine guerre la France est vaincue, ce sera leur faute !

. . . .

Vers la fin de 1814, Guillaume revient, les fils rendent les millions

qu'il avait laissés en garde à Rotschild père, *mais ils gardent pour eux le
milliard que ce capital avait gagné en
fructifiant,* de sorte que l'argent perdu
c'est celui de Guillaume, et l'argent
gagné c'est pour Rothschild.

Et ils croient faire un acte d'honnêteté digne de passer à la postérité,
car ils font peindre un tableau repré-
sentant Rotschild rendant l'argent
qu'on leur avait confié!...

N'est-ce pas un comble ?...

. . . .

Cette honnêteté, relative peut=on
dire, devait aussi porter intérêt :

En 1822, l'empereur d'Autriche
les crée barons !... et les nomme tous

en bloc consuls généraux dans tous les pays qu'ils habitent.

Aujourd'hui ils ont tous des fils à la tête du capital de toutes les nations, et des fils dans toutes les armées.

VI

Et, si vous n'y prenez garde, toutes les armées et tout l'argent de l'univers seront aux mains des Juifs.

Si cela pouvait nous conduire à la République et à la Paix universelles, à la liberté, à l'égalité, à la fraternité, comme ils le disent, je ne dirais rien ; mais bien au contraire, cela nous conduit directement au siècle précédent, avec cette différence :

Que ce seront les chrétiens de France qui habiteront les ghettos et qui auront la peste.... à moins qu'ils

ne veuillent bien se faire circoncire
et travailler la terre pour les sei-
gneurs juifs qui auront cette fois, avec
leur argent, des canons Krupp et des
lois bien senties pour éviter un nou-
veau 89....

VII

Il y a en France 32 millions de chrétiens qui crèvent de misère après toute une vie de labeur..., et un millier de juifs qui n'ont qu'à signer un ordre de bourse pour empocher des millions d'un seul coup....

. . . .

. . . .

En résumé, les juifs n'ayant pas de patrie amassent les capitaux par tous les moyens, pour s'en créer une.

Ils ont fait que ce n'est plus la vaillance qui gagne les batailles, ce sont les capitaux; ils deviennent alors maîtres des destinées de la France.

Si, à la prochaine guerre, la France est vaincue..., ce sont eux qui en seront la cause!....

Mais, si la France en sort victorieuse;

Si les souliers qu'ils nous fourniront ne sont pas en carton;

Si les cartouches ne manquent pas au bon moment;

Si les trains qui emmèneront nos troupes à la frontière ne déraillent pas en route;

Alors je ferai de sincères excuses aux capitalistes de la méfiance qu'ils m'inspirent aujourd'hui... j'en prends l'engagement chrétien!....

Mais je prie mes compatriotes de veiller au grain, et je leur répète encore ceci :

La vaillance du vieux Français ne suffit plus pour gagner des batailles, il faut de l'argent !

Ne laissez pas aller le vôtre entre les mains des juifs qui ne sont français que depuis un an à peine, et qui ont tout intérêt à s'installer à votre place.

Ouvrez l'œil, pour la France et pour vous.

VIII

Mais comment reconnaître un chrétien d'un juif?

Autrefois, on se connaissait, il y avait l'Eglise qui nous groupait...

Maintenant, avec la " Libre-Pensée " le mélange est tel qu'il faut rudement faire attention, non pas seulement à celui qui vous propose une petite affaire, mais encore à celui qui est de *mèche*.

Renseignez-vous bien sur celui qui vous demande votre voix pour être votre député.... et informez-vous s'il

s'engage à *être plus riche à l'expiration
de son mandat, qu'au jour où il pose sa
candidature.*

Demandez–lui aussi s'il veut chas-
ser des hôpitaux ces religieuses que
32 millions de Français intelligents
aiment et respectent.

Usez de votre droit de vote ; ne
votez que pour un bonhomme que
vous connaissez bien, dont vous con-
naîtrez aussi la famille, la fortune...
quelqu'un sur lequel vous pourrez
taper si la France subit encore une
défaite, mais que vous pourrez porter en triomphe si la France reprend
un jour son Alsace-Lorraine.

JEAN BIDERMANN DE LORRAINE

PARIS. — IMP. L. & A. CRESSON FRÈRES, 5, RUE CHAPON.

34

—

Paris
Imprimerie L. et A. Cresson Freres
5, rue Chapon
et 19, rue de Reuilly.

—

www.ingramcontent.com/pod-product-compliance
Lightning Source LLC
Chambersburg PA
CBHW072030290326
41934CB00010BA/2489